MINISTÈRE DU COMMERCE, DE L'INDUSTRIE
ET DES COLONIES

# EXPOSITION UNIVERSELLE INTERNATIONALE DE 1889

## DIRECTION GÉNÉRALE DE L'EXPLOITATION

# CONGRÈS INTERNATIONAL
# DES ARCHITECTES

TROISIÈME SESSION
TENUE A PARIS DU 17 AU 22 JUIN 1889

# LA PROTECTION DES THÉATRES CONTRE L'INCENDIE

CONFÉRENCE DONNÉE LE 22 JUIN 1889

PAR M. P. CHENEVIER, ARCHITECTE

MEMBRE DU COMITÉ DE PATRONAGE

PARIS
IMPRIMERIE ET LIBRAIRIE CENTRALES DES CHEMINS DE FER
IMPRIMERIE CHAIX
SOCIÉTÉ ANONYME AU CAPITAL DE CINQ MILLIONS
Rue Bergère, 20
1893

# LA PROTECTION DES THÉATRES

## CONTRE L'INCENDIE

---

## CONFÉRENCE DONNÉE LE 22 JUIN 1889

### Par M. P. CHENEVIER, Architecte

MEMBRE DU COMITÉ DE PATRONAGE

# CONGRÈS INTERNATIONAL
# DES ARCHITECTES

## (IIIᵉ SESSION – 17 AU 22 JUIN 1889)

### HUITIÈME SÉANCE — SAMEDI MATIN 22 JUIN 1889
#### (ÉCOLE DES BEAUX-ARTS. — HÉMICYCLE)

## LA PROTECTION DES THÉATRES CONTRE L'INCENDIE

### PAR M. P. CHENEVIER, ARCHITECTE
#### MEMBRE DU COMITÉ DE PATRONAGE

### PRÉSIDENCE DE M. LE BARON HENRY DE GEYMÜLLER
#### MEMBRE DU COMITÉ DE PATRONAGE

La séance est ouverte à neuf heures un quart.

Prennent place au bureau : MM. R. PHÉNÉ SPIERS, de Londres, vice-président ; EUGÈNE M. O. DOGNÉE, de Liège, membre du Comité de patronage ; CH. BARTAUMIEUX, CH. LUCAS et MARMOTTAN, de Coulommiers, secrétaires.

M. LE PRÉSIDENT. La parole est à M. CHENEVIER, architecte à Verdun, membre du Comité de patronage du Congrès, pour une conférence sur *la protection des théâtres contre l'incendie*.

M. CHENEVIER :

MESSIEURS ET TRÈS HONORÉS CONFRÈRES,

La séance de ce jour étant très chargée, vous voudrez bien me dispenser de tout préambule : j'aborderai donc immédiatement l'étude que vous voulez bien m'autoriser à vous soumettre sur la protection des théâtres contre l'incendie.

Si l'on s'en tenait simplement aux données récentes publiées par les statisticiens sur les incendies de théâtres, et que l'on mît en regard la quantité immense des spectateurs qui fréquentent ces édifices, on démontrerait facilement que la sécurité du public y est suffisamment assurée dans son ensemble pour qu'il n'y ait pas lieu d'attirer, une fois de plus, l'attention sur les dangers qui peuvent menacer les fidèles de ces temples de l'Art.

Il n'en est pas moins acquis que, depuis un siècle, le nombre des incendies de théâtres a subi une progression effrayante et que ces édifices, construits à grands frais, sont destinés à périr par le feu après avoir subi de nombreux commencements d'incendie pendant la durée de leur courte existence.

On peut même, à bon droit, exprimer son étonnement de voir résister cent ans un ou deux théâtres, sur deux cent cinquante édifices détruits pendant le même temps, quand on examine avec attention les conditions déplorables d'établissement habituel et de fonctionnement de leurs services de la scène, de la décoration, de l'éclairage et du chauffage.

Il est difficile, en effet, de rêver un pareil assemblage de matières essentiellement inflammables, entretenues constamment dans une atmosphère torride et à proximité d'appareils d'éclairage des plus imparfaits.

En ce qui me concerne, j'assure n'avoir jamais pu me défendre d'un réel sentiment d'épouvante toutes les fois qu'il m'a été donné de visiter les cintres d'un grand théâtre, éclairé au gaz, pendant une représentation.

J'ai toujours considéré qu'il y avait disproportion entre les risques d'incendie et les moyens d'attaque du feu, et, sans aller aussi loin qu'un commandant supérieur des services d'incendie de la Ville de Paris déclarant du haut de la tribune du Conseil municipal, après la destruction de l'Opéra-Comique, *que la défense des théâtres par les sapeurs-pompiers est un trompe-l'œil*, j'estime que la résistance est illusoire dès qu'on ne peut étouffer l'incendie dans son germe.

Je me propose donc d'examiner très sommairement ici ce que j'appellerai quelques-unes des règles fondamentales de l'hygiène des théâtres, étant entendu que j'estime plus facile de prévenir cent incendies que d'en éteindre un seul.

Ces règles sont simples, et elles ont été magistralement ramenées, par M. le professeur Trélat, notre savant confrère, aux deux termes suivants :

A. — *Supprimer la capacité incendiaire de la lumière;*
B. — *Rendre la scène et ses décorations ininflammables.*

Avec ce programme, on annule la cause, on maîtrise l'effet et le théâtre devient inincendiable ; d'où la préoccupation du sauvetage des spectateurs n'a plus de raison d'être. Il n'y a plus de panique d'incendie possible et la sécurité du public atteint des limites idéales.

J'ajoute qu'on assure ainsi la protection d'édifices intéressants, d'œuvres d'art souvent inestimables, de décors qui sont quelquefois de véritables peintures, et qu'enfin on arrache au gouffre, qui a déjà dévoré plus de 600 millions, les bâtiments, les artistes et même les spectateurs qu'il suffirait d'une imprudence nouvelle pour lui livrer au premier jour.

Tous nos confrères connaissent maintenant l'origine du péril d'incendie, car les sinistres de Rouen, de Nice, de Vienne, de l'Opéra-Comique, d'Exeter, de Porto et tant d'autres ont surabondamment démontré que l'éclairage au gaz peut être déclaré responsable des dommages dans le plus grand nombre des cas.

Quand on cherche la solution de cette question si complexe du feu dans les théâtres, il semble naturel de remonter aux sources du danger et d'étouffer l'ennemi dans son germe plutôt que de le combattre avec des moyens même les plus puissants du monde, quand le foyer primitif a pris une extension qui menace de déjouer toutes les tentatives d'extinction.

Les propositions précédentes se réduisent donc à cette expression d'une simplicité naïve :

1° *Empêcher le feu de se déclarer.*

Mais il se peut que, malgré toutes les précautions prises, la flamme jaillisse en un point quelconque du théâtre.

*2° Il faut alors posséder les moyens d'attaquer rapidement le foyer dangereux ou de le circonscrire dans une des divisions de l'édifice qui puisse être isolée des autres, s'il prend un développement inquiétant.*

*3° Il est indispensable, enfin, que le public puisse facilement quitter la salle et gagner la rue dès que le péril est signalé.*

Suivant la disposition des théâtres et leur degré de résistance aux risques d'incendie, on doit donner la prédominance à l'idée de sauvetage des spectateurs, ou bien à celle qui conduit à écarter les dangers de feu.

Ainsi, en province, par exemple, quand l'éclairage est fait au gaz, souvent avec des herses ou des becs de portants non recouverts; quand il n'existe ni rideau de fer plein, ni lanternons au-dessus du gril; quand les décors sont inflammables et que l'appel du lustre reste comme une menace perpétuelle adressée aux spectateurs des amphithéâtres perchés plus haut que l'arc de la scène et même que la calotte de la salle; quand le service d'attaque est insuffisant ou mal organisé et que l'eau n'arrive pas avec une quantité ou une pression suffisante, c'est alors que le sauvetage public s'impose et que les issues doivent faciliter l'évacuation rapide de la salle, surtout dans ses parties hautes, qui sont les plus dangereuses.

C'est sous l'empire de ces préoccupations que l'Administration de la Ville de Paris prescrivit les travaux spéciaux de sécurité dans les théâtres au lendemain de l'incendie de l'Opéra-Comique, car il s'agissait d'abord de faire évacuer les salles de spectacle le plus rapidement possible.

On peut avouer maintenant, et, d'ailleurs, les mesures imposées d'office l'ont suffisamment prouvé, que bien des théâtres de Paris étaient dangereux à ce moment (et s'ils n'ont pas flambé plus tôt avec les spectateurs qu'ils contenaient, c'est qu'il est des grâces d'État pour les imprudents, les ignorants et les indifférents).

La destruction de l'un des théâtres les plus aimés du public a rendu possibles des améliorations qui n'auraient jamais été mises à exécution auparavant, bien que reconnues nécessaires depuis longtemps.

On a profité de la panique du public pour lui donner la satisfaction de croire qu'il pourrait s'échapper plus facilement par les portes, les passages et les escaliers agrandis.

En somme, plus de surface que de fond dans ces modifications au point de vue de la sécurité vraie.

Une meilleure mesure a été réalisée par l'adoption de l'éclairage électrique, qui a supprimé les dangers du gaz en donnant une lumière sans capacité incendiaire.

Enfin, on a terminé par où l'Administration aurait certainement commencé si des considérations budgétaires de tout ordre n'avaient fait surseoir à l'obligation de rendre les décors ininflammables. Cette mesure tutélaire a centuplé d'un seul coup toutes les garanties données par les autres prescriptions, accumulées en vue de la sécurité des spectateurs; et si elle est appliquée avec résolution et continuité, on verra peut-être un jour des théâtres périr tout simplement de vieillesse, après avoir joui pendant de longues années d'un calme auquel ils ne sont plus guère habitués.

S'il s'agissait d'un théâtre à construire, nous estimons qu'il faudrait adopter les mesures de préservation dans l'ordre que nous indiquions tout à l'heure, c'est-à-dire que tous les efforts devraient tendre d abord à n'employer que des matériaux incombustibles pour le gros œuvre et des préparations ininflammables pour la machinerie de scène et les décors.

On s'occuperait également de rendre l'éclairage inoffensif et de conserver la lumière en cas d'alerte d'incendie.

Des soins judicieux seraient ensuite donnés à l'établissement d'un réseau complet de conduites d'eau en pression; à l'isolement de la scène, d'une part, et de la salle, d'autre part, du reste des constructions; à l'échappement possible des gaz de la combustion par les lanternons de scène; à la suppression de l'appel du lustre et au renversement du courant d'air qui marche habituellement de la scène à la salle.

Enfin, les dégagements réservés pour la sortie des spectateurs seraient de dimensions calculées en raison de l'importance du théâtre et réuniraient ces conditions que tout le public de la galerie correspondante pût s'y abriter pendant quelques instants avant de s'écouler jusqu'à la rue par deux escaliers desservant directement et spécialement chaque étage. En un mot, les dégagements du théâtre seraient étudiés au point de vue architectural de l'édifice et non pas en vue d'assurer surtout le sauvetage des spectateurs en cas d'incendie.

On ne doit pas perdre de vue, en effet, que les issues d'un théâtre, ses escaliers et ses dégagements n'offrent jamais au public qu'une sécurité relative.

Au contraire, la suppression des dangers de feu enlève tout prétexte à panique; et c'est surtout l'affolement des spectateurs qu'il importe d'éviter, car une foule inconsciente, talonnée par la crainte, s'écrasera, même en plein air, au hasard des remous qu'y produit la circulation et, si elle est enfermée dans une enceinte quelconque, les baies de dégagement vers lesquelles elle se précipite seront obstruées en un instant par les enchevêtrements horribles dont les catastrophes de Nice, de Vienne et d'Exeter nous ont laissé le souvenir.

Il ne faudrait pas aller sans doute jusqu'à refuser toute importance à la question des voies de communication du public avec l'extérieur, et nous possédons heureusement certains édifices qui sont magnifiquement dotés sous ce rapport.

Mais, en ce qui concerne particulièrement la sécurité des spectateurs, j'estime que le meilleur moyen de l'assurer consiste à rendre la scène réfractaire à tout commencement d'incendie, puisque c'est de là seulement que vient le péril.

Il est bien difficile de traiter sommairement une question aussi complexe, car il faut distinguer d'abord entre les théâtres anciens et ceux à construire; on est obligé aussi de considérer non seulement la sécurité des spectateurs, mais encore la conservation des monuments, car, indépendamment d'une valeur artistique, qui est discutable pour quelques-uns, il reste encore un intérêt économique de premier ordre à garantir contre toute atteinte le capital considérable qu'ils représentent.

Il me paraît qu'en général la sauvegarde des spectateurs reste au premier rang des préoccupations des architectes et surtout du public, et l'on oublie plus ou moins qu'il vaut mieux éviter l'incendie que de soustraire rapidement le public aux flammes.

On garantit ainsi d'une manière efficace, non seulement le public, qui ne brûle guère, mais encore les édifices qui, eux, sont régulièrement détruits de fond en comble.

Je ne voudrais cependant pas qu'on pût m'accuser d'être partisan de la crémation dans les théâtres en disant que « le public ne brûle guère », et je complète ma pensée en expliquant que la garantie des spectateurs contre l'incendie est obtenue, à mon avis, plutôt par la résistance au feu des bâtiments que par la multiplicité des moyens de sortie et de sauvetage.

Est-ce à dire maintenant que les couloirs étroits, les escaliers en colimaçon, les portes condamnées et les clefs sous verre doivent être maintenus, et que l'on n'a pas agi sagement en les agrandissant quand on l'a pu ?

Évidemment, je suis bien éloigné de le croire, et j'ai moi-même, dès 1881, dénoncé une situation qui était certainement dangereuse dans plusieurs théâtres de Paris, en demandant l'isolement de la scène et de la salle, le rideau de fer plein, les lanternons de scène, la suppression de l'appel du lustre et bien d'autres améliorations que j'ai eu, d'ailleurs, la satisfaction de voir adopter depuis cette époque.

Je saisis même l'occasion qui m'est offerte ici d'affirmer combien, en ce qui concerne les théâtres de Paris, les garanties données au public ont été augmentées depuis la catastrophe de l'Opéra-Comique, grâce aux études de la Commission supérieure des théâtres et surtout aux efforts persistants de mon éminent collègue de la Société centrale, M. Bunel, architecte en chef de la Préfecture de Police.

Lui surtout s'est trouvé en face de cette nécessité de faire d'abord sortir le public des salles insuffisamment dégagées, et c'est en dernier lieu seulement que les améliorations qu'il avait commencées ont pu être complétées définitivement par l'obligation d'ignifuger les décors et les bois de scène.

En ce qui concerne les dégagements, les escaliers nouveaux et les balcons, je ne me permettrai d'exprimer une opinion qu'en ce qui touche les galeries ou balcons de sauvetage dont il a été parlé dans plusieurs projets de reconstruction ou d'amélioration définitive des théâtres de Paris; mais, cette fois, je n'hésite pas à déclarer que je les considère comme ne répondant en aucune façon aux services d'abri et de protection qu'on en pouvait attendre.

En effet, il paraît évident que, si l'incendie envahit la salle, la flamme et la fumée suivront les spectateurs sur les balcons, l'énorme dilatation des gaz de la combustion les poussant à chercher l'air extérieur par le chemin le plus facile. Si les portes des loges restent ouvertes, les corridors seront d'abord envahis, comme à l'Opéra-Comique; l'horrible fumée s'épanouira ensuite sur les plafonds des galeries superposées, débordant de celles inférieures et rendra immédiatement l'atmosphère du balcon irrespirable.

Ne peut-on pas redouter aussi que la foule, cherchant son salut par le plus court chemin, ne se précipite en masse sur les balcons, abandonnant d'instinct les escaliers qui peuvent faire craindre les écrasements et les chutes ?

C'est donc alors une fausse sécurité qu'on lui offre, une occasion de sauvetage qu'il importe, d'après M. Trélat, de ne pas faire naître.

N'a-t-on pas vu, à l'Opéra-Comique et au Ring-Theater, tous les balcons du premier étage envahis par une multitude affolée, alors que les escaliers étaient encore libres jusqu'à la rue, et, d'après les relations de l'incendie d'Exeter, les balcons n'étaient-ils pas remplis de spectateurs léchés par les flammes, dont beaucoup de femmes qui ont sauté plutôt que d'être grillées vives et se sont tuées ?

La contagion de l'exemple est horrible dans ces instants où tout raisonnement disparaît ; et je rappelle ici l'énergique expression de M. Guimet qui caractérise ces abris trompeurs :

« Aux étages supérieurs d'un théâtre, dit-il, chaque balcon est une excitation au suicide. »

Les balcons extérieurs (il est bien entendu que je ne parle pas ici des galeries décoratives, mais seulement de celles de sauvetage) ne doivent être considérés que comme supplément des dégagements du théâtre. Alors ils communiquent librement à chaque étage avec des escaliers faciles et ne sont plus des refuges, ni même des abris temporaires, mais de simples passages qui ont pour mission d'écouler plus rapidement la foule avant que l'incendie ne se fasse jour jusqu'à l'extérieur.

Dans tous les cas, ce pis-aller, applicable à la rigueur dans des théâtres anciens, mal distribués ou insuffisamment pourvus de dégagements, ne saurait plus être admis dès qu'il s'agit d'une étude complète et définitive, car la présence de ces balcons dénonce justement aux yeux du public les défectuosités de la disposition intérieure du bâtiment, s'ils sont pourvus d'escaliers extérieurs, et ils ne présentent aucune garantie contre le danger d'incendie s'ils sont superposés et sans issue.

Et, d'ailleurs, ne serait-ce donc pas regrettable à l'œil, cette profusion de ferraille qui, sous prétexte de sauvetage, n'éveillerait que des idées tristes ou de pareils souvenirs, et ne vaut-il pas mieux s'en tenir à l'appréciation émise par un maître illustre qui en a donné à l'Opéra un magnifique exemple : « Un théâtre est un lieu de distraction ; il faut lui conserver une aimable » apparence et ne pas le transformer en une sorte de monastère où tous les » gens qui entreraient dans la salle se regarderaient tristement en disant : » Frère, il faut mourir ! »

Nous avons heureusement l'électricité et les préparations ignifuges qui donnent toutes garanties de sécurité sans qu'il soit besoin de modifier la forme extérieure des théâtres de l'avenir, et il suffirait de les employer judicieusement pour que ce fantôme du danger d'incendie dans les théâtres ne hantât plus l'imagination des spectateurs prudents.

En ce qui touche l'éclairage électrique, les expériences entreprises par M. Mascart, au laboratoire central d'électricité, et conduites par le savant physicien avec toute la science, la méthode et la précision désirables, ont démontré la parfaite innocuité des lampes à incandescence de faible intensité (16 bougies) du type courant des théâtres.

Sans doute, en accumulant les conditions les plus défavorables, en coiffant, par exemple, les ampoules de verre de capuchons de ouate ou de soie, il est arrivé à produire des effets de combustion lente qui ont rappelé qu'après tout, il subsistait encore une chaleur appréciable dans ces filaments incandescents ; mais ces exceptions ont en quelque sorte confirmé la règle, et il reste établi que la capacité incendiaire de l'éclairage à incandescence a été reconnue comme nulle dans les conditions ordinaires de la pratique des installations théâtrales.

Il ne faudrait pas, cependant, décharger l'électricité de toute responsabilité au sujet des dangers de feu, car, pour alimenter des lampes, il faut des conducteurs, et les canalisations électriques n'ont pas été, jusqu'ici, suffisamment perfectionnées pour qu'elles soient exemptes de tout mécompte.

Malgré les coupe-circuits réglementaires. il arrive quelquefois que les fils métalliques destinés à transmettre l'énergie électrique rougissent quand leur section est trop faible, ou que, par suite d'un accident aux machines, d'un défaut de surveillance ou de toute autre cause, la quantité de courant qui les parcourt augmente dans des proportions anormales.

Si les conducteurs sont placés sur des parties combustibles, celles-ci s'enflamment, et il en résulte des commencements d'incendie, heureusement peu graves habituellement, mais qui pourraient prendre une extension dangereuse s'ils n'étaient attentivement surveillés.

M. Guimet a relevé jusqu'à soixante cas d'incendie dans des installations de lumière électrique.

M. le D$^r$ Choquet a rappelé les alertes du 28 novembre 1887 à la Porte-Saint-Martin et du théâtre Lafayette de Rouen en 1881.

Enfin, on peut dire que les petits incendies de ce genre sont presque journaliers à Paris depuis l'établissement de l'électricité dans les théâtres, et, le 4 courant encore, une lampe électrique éclatait, parait-il, à l'Opéra, mettant le feu à la toile qui sert à recouvrir les loges.

Si, d'une part, on peut donc compter sur une amélioration considérable des appareils d'éclairage, on voit qu'il reste encore pas mal à faire pour obtenir des garanties semblables en ce qui concerne les fils conducteurs du courant.

Ce n'est là, d'ailleurs, qu'une question de temps et d'expérience pratique, car la science de l'éclairage électrique en est encore évidemment à ses débuts ; et l'on ne doit pas douter qu'elle bénéficiera peut-être bientôt d'importants et nouveaux perfectionnements.

En admettant même que tout danger d'inflammation intempestive puisse être écarté, aussi bien des appareils d'éclairage que des canalisations électriques, il importe néanmoins de se prémunir contre les risques d'incendie résultant soit du chauffage, soit de l'imprudence ou de la malveillance, soit de toute autre cause.

On doit rappeler, ainsi que l'a fait M. Girard dans un intéressant rapport à la Commission supérieure, que plusieurs théâtres éclairés électriquement, mais non garantis des autres risques d'incendie, sont devenus la proie des

flammes et que, « si la substitution de l'éclairage électrique au gaz diminue
» très notablement les risques d'incendie, elle ne les supprime pas entière-
» ment ».

D'ailleurs, il n'existe encore que trop de théâtres, soit à Paris, soit en province, dont l'éclairage au gaz a été conservé en tout ou en partie.

Il est bien admis maintenant, et nous l'avons démontré facilement depuis
longtemps, que l'amoncellement des matières inflammables contenues dans
la cage de scène constitue la principale menace de feu dans les théâtres.

C'est dans cette enceinte que l'incendie commence la plupart du temps et
presque toujours dans les frises ; et c'est là surtout qu'il est plus difficile de
l'atteindre et qu'il importe davantage d'arrêter son développement.

Or, la flamme est le véhicule de l'incendie : c'est elle qui, s'élançant d'une
extrémité à l'autre de l'édifice, s'attache en un instant à toutes les surfaces
combustibles et transforme les cintres en une mer de feu contre laquelle
tous les efforts restent impuissants.

En supprimant la flamme, on évite toute propagation rapide ; le foyer dangereux peut être attaqué et réduit facilement. Il est donc de la plus haute
importance que toutes les parties de la scène et surtout les décorations, qui
ne peuvent être construites en matériaux incombustibles, soient au moins
rendues ininflammables.

Cette ininflammabilité est-elle réalisable pratiquement ?

Je n'hésite plus à répondre à cette question par l'affirmative, depuis que
M. Girard, dont la compétence en cette matière ne peut être mise en doute,
a déclaré que l'industrie produit maintenant des ignifuges qui donnent une
protection efficace sans présenter aucun des inconvénients qui avaient fait
abandonner leurs devanciers.

Il en résulte que la protection assurée des édifices et la sécurité des spectateurs sont devenues « une simple question d'argent ».

Il semble donc que, cette constatation faite et la source du danger connue,
il ne restait plus qu'à exécuter d'urgence les travaux nécessaires pour annuler
tout péril dans les théâtres.

Eh bien ! il paraît que « prescrire n'est rien ; le difficile est de faire exécuter ».

On est arrivé cependant, et c'est un résultat considérable, à faire ignifuger
la plupart des scènes parisiennes. Quelques grandes villes ont même suivi
l'exemple donné par la capitale ; mais il reste quelques théâtres de Paris, et
ceux-là ne sont pas les moins importants, qui font exception à cette com-
mune résistance contre l'ennemi.

On a cependant exécuté d'urgence des travaux assez importants dans ces
édifices après la destruction de l'Opéra-Comique, et des crédits spéciaux ont
été demandés d'urgence par le Gouvernement en vue d'augmenter la sécurité qu'ils offrent aux spectateurs.

L'exposé du projet de loi, présenté à ce sujet en suite du rapport fait par
la Commission supérieure des théâtres, est aussi instructif qu'inquiétant
pour l'avenir ; et l'on ne saurait lire ce document sans déplorer que des
préoccupations d'un ordre d'utilité moins évident aient retardé jusqu'ici le
vote des crédits qui ont été demandés au Parlement l'année dernière par

M. le ministre de l'Instruction publique et des Beaux-Arts, en insistant *sur l'obligation qui s'impose aux pouvoirs publics de ne rien négliger pour éviter la possibilité d'une nouvelle catastrophe.*

M. Berthelot, titulaire du même portefeuille treize jours avant le désastre de l'Opéra-Comique, disait aussi à cette date : *Si l'incendie du théâtre se produisait pendant le cours d'une représentation, ce serait une catastrophe. C'est là une responsabilité grave, une éventualité qui mérite au plus haut degré d'attirer l'attention du Gouvernement et du Parlement.*

La tournure est différente, mais la pensée des deux orateurs est la même à deux années d'intervalle. Il ne reste plus qu'à s'estimer heureux que l'un des ministres seulement soit devenu prophète.

En signalant discrètement cette situation, je n'insisterai pas plus qu'il ne convient sur les mesures de protection qu'impose le souci de la défense de ces monuments contre l'incendie. J'ajouterai seulement que, si la sécurité des spectateurs peut être considérée maintenant comme presque assurée dans les théâtres de Paris, il reste encore, surtout pour les principaux d'entre eux, à protéger l'édifice lui-même, ainsi que les œuvres d'art qu'il renferme, contre les atteintes du feu qui pourrait se déclarer dans l'amoncellement de leurs toiles décoratives inflammables.

Il suffirait, en effet, d'un incendie de peu d'importance pour détériorer d'une manière irrémédiable des chefs-d'œuvre de peinture, de sculpture et même d'architecture que nous admirons et que nous avons le devoir de protéger.

J'estime que cette protection, de même que celle des théâtres en général, serait donnée pratiquement par l'ininflammabilité des décors.

J'ai donc l'honneur de soumettre à l'approbation du Congrès un projet de vœu qui pourrait être ainsi formulé :

*Considérant que l'ininflammabilité des décors et des boiseries de la scène d'un théâtre est condition première de la résistance de ces édifices aux risques d'incendie et qu'elle assure ainsi la sécurité des spectateurs. le Congrès international des Architectes, réuni à Paris en 1889, émet le vœu qu'à l'avenir les décors de théâtres et la machinerie de scène soient rendus ininflammables pendant toute la durée de leur mise en service. (Applaudissements.)*

M. LE PRÉSIDENT. Je remercie extrêmement M. Chenevier de son étude si intéressante et si utile en même temps, puisqu'elle vise la protection de nos existences ainsi que la conservation des objets d'art qui se trouvent dans nos théâtres. J'exprime seulement le regret que M. CH. GARNIER ne soit pas à ma place pour faire ressortir comme il convient tout le mérite de cette remarquable conférence. *(Approbation.)*

M. LE SECRÉTAIRE. Je crois devoir signaler à ceux de nos confrères que la question intéresse plus particulièrement un projet de THÉATRE DE SURETÉ dont trois plans, actuellement exposés par M. Chenevier, me semblent un complément et une illustration utiles de sa conférence. *(Approbation.) (Voir fig. 1, 2 et 3, p. 12 et suivantes.)*

# PROJET DE THÉATRE DE SURETÉ CONTRE L'INCENDIE (1)

## LÉGENDE EXPLICATIVE DU PLAN DU REZ-DE-CHAUSSÉE

1 et 2 — Billets et vestibule.

3 — Vestiaire et contrôle.

4 et 5 — Escaliers des 1re et 2e galeries.

6 et 7 — Dégagements et vestiaires.

8 et 8 *bis* — Vestibule et escalier, abonnés 1re galerie.

9 et 9 *bis* — Vestibule et escalier, abonnés 2e galerie.

10 et 11 — Escaliers de la 3e et de la 4e galerie.

12 — Vestibule et escalier du préfet.

12 *bis* — Vestibule et escalier du maire.

14 — Entrée des 3e et 4e galeries.

15 — Couloirs du rez-de-chaussée.

16 — Parterre.

17 — Stalles d'orchestre.

18 — Fauteuils d'orchestre.

19 — Orchestre des musiciens.

20 — Couloir du souffleur.

21 — Passage des musiciens.

22 — Elévateurs du rideau de fer.

23 — Escaliers des machinistes.

24 — Scène, 1er dessous.

25 — Foyer des musiciens.

26 — Chef d'orchestre et partitions.

27 et 29 — Loges d'artistes.

28 — Matériel d'incendie et de sauvetage.

30 — Water-closets.

31 — Couloir des artistes hommes.

31 *bis* — Escalier.

32 et 32 *bis* — Couloir et escalier des artistes dames.

33 — Bureaux du directeur.

34 — Concierge (avertisseur).

35 — Entrée des artistes.

36 — Sortie des dessous de la scène.

37 et 38 — Tabac, fleurs, journaux.

39 — Machinerie de l'éclairage, du chauffage, de la ventilation et de la force motrice.

40 et 41 — Générateurs et combustible.

A — Portes en fer à doubles parois fermant seules sur les rideaux équilibrés en tôle.

C — Colonnes montantes et postes d'eau en pression avec cuvette de vidange.

B — Bouches d'eau pour pompes à vapeur.

## SORTIES.

I — Sortie des artistes et des machinistes.

II — Sortie des musiciens.

III — Sortie de la loge du maire.

IV — Sortie de la loge du préfet.

V — Sorties de la 3e galerie.

VI — Sorties de la 4e galerie.

VII — Sorties de la 1re galerie.

VIII — Sorties des loges du rez-de-chaussée.

IX — Sortie du parterre.

X — Sorties de la 2e galerie.

(1) Ces plans, réduits d'après ceux publiés par *la Semaine des Constructeurs* (IIe série, 4e année, n° 20, 9 novembre 1889, pp. 230-231), ne sont que l'expression schématique des dispositions que préconise M. Chenevier et non des plans définitifs de construction.

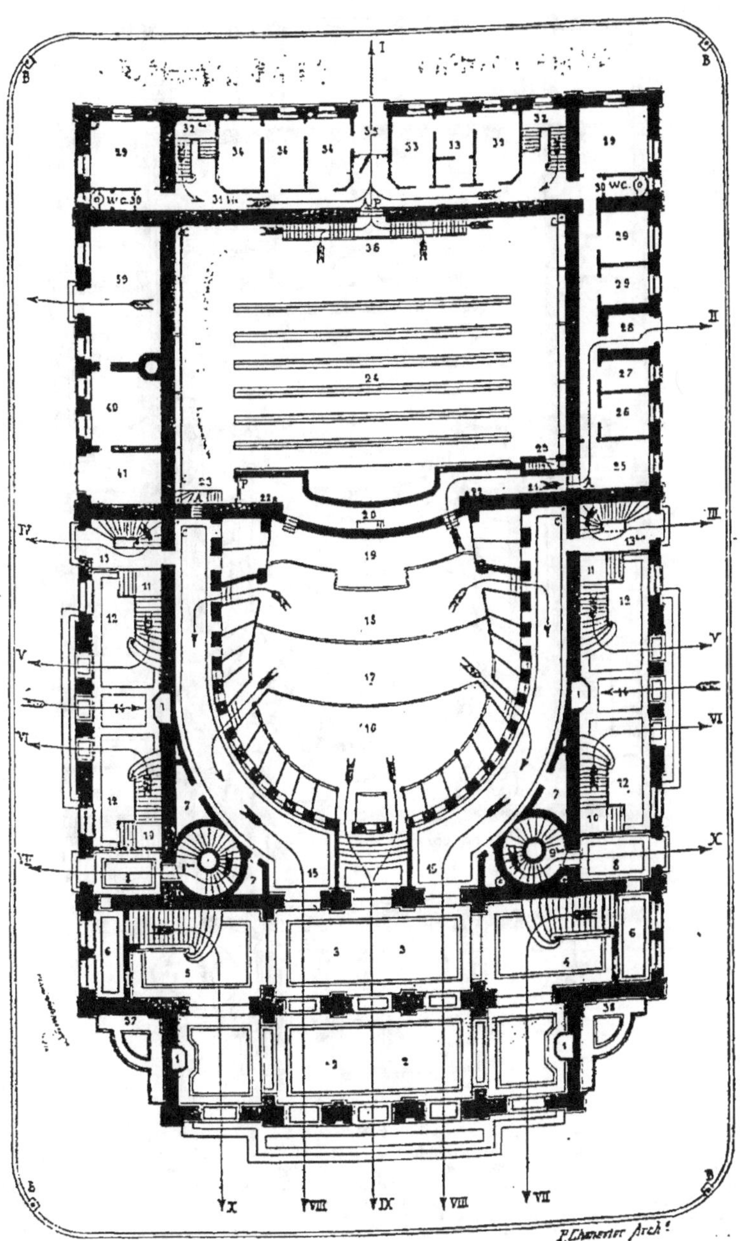


Fig. 1. — Plan du rez-de-chaussée.

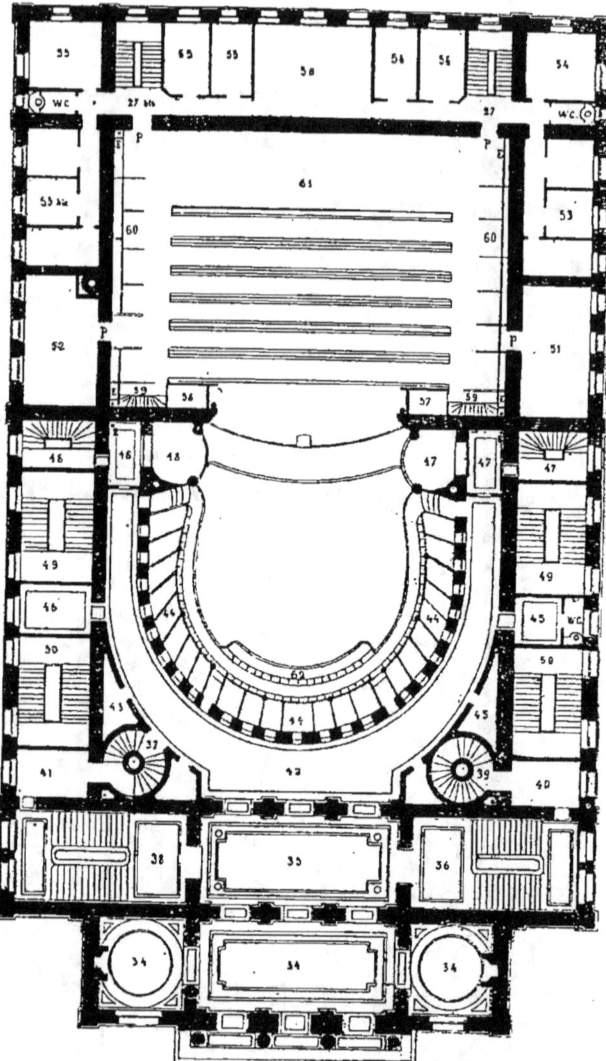

FIG. 2. — Plan au niveau des 1res galeries.

LÉGENDE.

34. Foyer public et salons ; — 35. Avant-foyer ; — 36. Palier de l'escalier des premières ; 37. Palier de l'escalier des abonnés ; — 38. Palier de l'escalier des secondes ; — 39. Palier de l'escalier des abonnés ; — 40. Médecin ; — 41. Commissaire de police ; — 42. Couloir des loges ; — 43. Vestiaires ; — 44. Loges et fauteuils de balcon ; — 45. Toilette et water-closet ; — 46. Fumoir ; — 47. Escalier et loge du maire ; — 48. Escalier et loge du préfet ; — 49. Escalier de la 3e galerie ; — 50. Escalier de la 4e galerie ; — 51. Remise et décors ; — 52. Accessoires ; — 53 et 53 bis. Figurants et figurantes ; — 54. Loges d'artistes-hommes ; — 55. Loges d'artistes-dames ; — 56. Foyer des artistes ; — 57. Loge des pompiers avec manœuvre du rideau de fer. Avertisseur et contrôleur de rondes. Signal d'alarme pro-

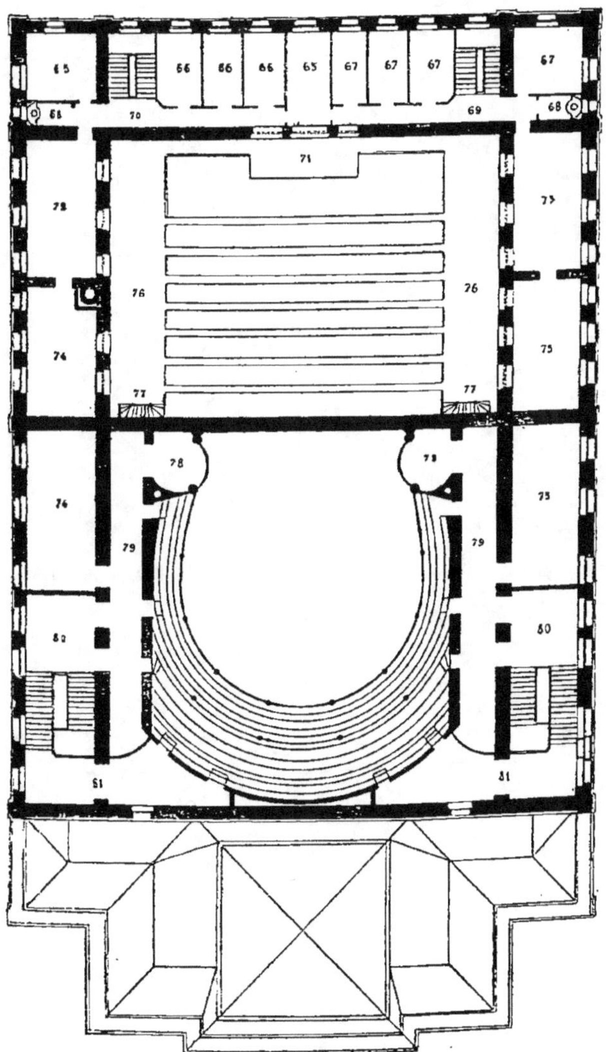

FIG. 3. — Plan au niveau des 4mes galeries.

venant de toutes les parties du théâtre. Consigne d'incendie pour tout le personnel. Alerte à l'état-major ; — 58. Luminariste avec jeu d'orgue pour la scène et la salle seulement ; — 59. Escaliers des cintres pour les machinistes : — 60. Dépôts de décors ; — 61. Terrain de la scène ; — 62. Fauteuils de balcon. E. Établissements d'étage ; — P. Portes en fer fermant seules ; — W.-C. Water-closet.

LÉGENDE DU PLAN AU NIVEAU DES 4e GALERIES.

65. Petit foyer d'artistes ; — 66. Loges des dames ; — 67. Loges des hommes ; — 68. Water-closets ; — 69. Couloir et escalier des artistes-hommes ; — 79. Couloir et escalier des artistes-dames ; — 71. Cheminée du lanterneau d'appel de la scène ; — 72 et 73. Ateliers : — 74 et 75. Magasins ; — 76. Galeries et ponts de service des cintres ; — 77. Escaliers des machinistes ; — 78. Avant-scènes ; — 79. Couloirs de la 4e galerie ; — 80. Paliers des escaliers de la 4e galerie ; — 81. Paliers de l'amphithéâtre.

IMPRIMERIE CHAIX, RUE BERGÈRE, 20, PARIS. — 21888-10-93. — (Encre Lorilleux)